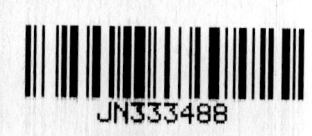

妖怪の棲む杜

国立市　一橋大学

伊藤龍也

現代書館

本館（梅）

図書館（靄）

兼松講堂（黄葉）

東本館（雪）

国立駅
東西書店
神戸屋キッチン

国立駅

Contents

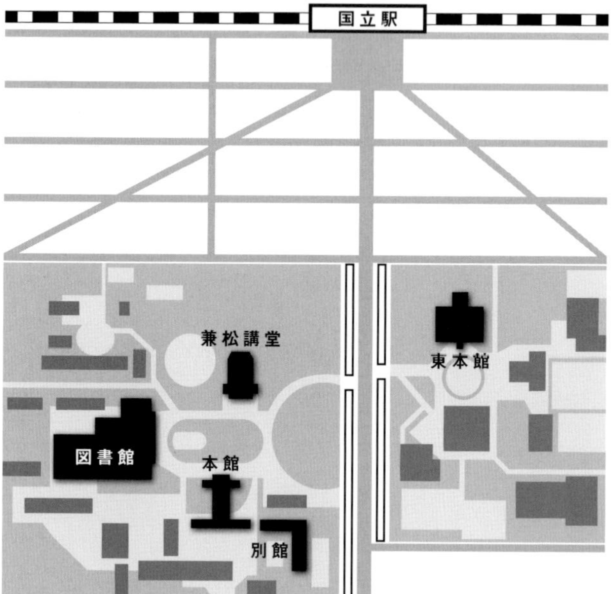

妖怪の棲む杜

国立の地に一橋大学が創られたのは
今から90年ほど前のことです。
そこにはたくさんの妖精や怪獣たちが
ひっそりと生き続けています。

設計は建築家の伊東忠太で
彼はアジアからヨーロッパへの旅で
さまざまな建物とそこに棲む妖怪に出合いました。

大学で見られる妖怪は
本館車寄せ（正面入口）左右の大きな獅子から
小さいものは柱のかげに隠れて
見落としてしまうようなものまで、100以上もあります。

彼らの像は比較的やわらかい砂岩に彫られています、
さわらないでそっと見るだけにしてあげてください、
さもないと怒りだすかもしれません。
さらになかば隠れている子もいます、
むりやり探し出さないでください。
実は恥ずかしがりやでおつき合いが
あんまり上手ではないのです。
永い間、そこにじっとしていて
それで満足なのですから。

本館と別館

李（すもも）の咲く正面玄関

車寄せ（玄関）脇の怪獣

西面
掲示板

玄関の3連アーチ

玄関ホール

一階廊下

応接室
階段

別館　枝垂れ桜
別館　南面丸窓

湧き上がる雲
夕刻

本館と別館に
隠れ棲む妖精たち
冬　梅に雪

図書館と池

池に映る図書館時計塔
吐水の妖怪

入口のアーチ　雨

午後の日溜り

ボストンの大学構内を想わせる
ドア手摺
入口3連ドア

2階　全景

EDWARD JOSEPH BLOCKHUYS氏像

2階　見上げ
階段

狼の妖怪
植物の妖怪

二頭像

吐水

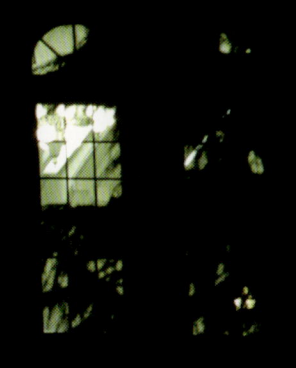

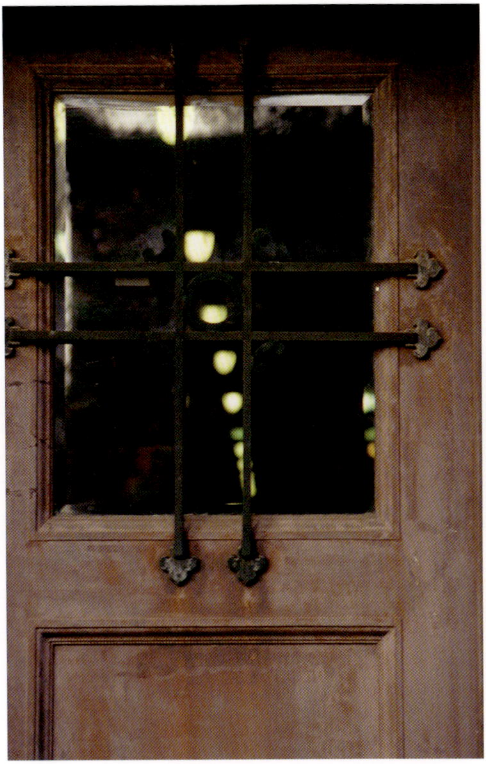

夕暮
通用口

兼松講堂

雪晴れ

図書館時計塔からの遠望
西面　丸窓

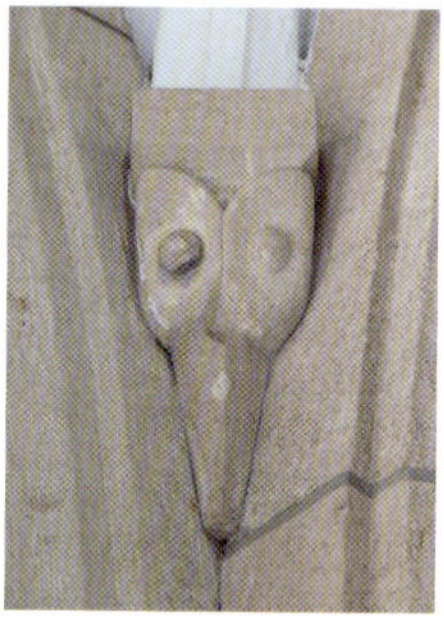

東面　淡雪

水溜り

講堂内
全景

講堂内　後方

講堂内　側面

階段
2階廊下
階段親柱

2階ロビー

貴賓室
貴賓室椅子

貴賓室入口

1階正面ドア　金物

演壇望遠

ゆきだるま

東本館と想い出の木造校舎

1929

西面　妖怪

車寄せ列柱

車寄せアーチ
階段手摺

車寄せ天井
2階窓

中庭
池

渡り廊下
学生寮
部室

部室
トイレ
体育館

建築家伊東忠太の妖怪

1867年（慶應3）、代々医者の家に生まれた伊東忠太は東京帝国大学造家学科を卒業後、1901年（明治34）に帝国博物館の依頼で北京・紫禁城の調査に出向きました。

7月4日から8月21日までの一カ月半ほどの旅でしたが、この時の写真（写真家・小川一眞撮影）と忠太のフィールドノート（記録メモ）には屋根の端に並ぶ鳥のような龍のような多くの妖怪が確認できます。

忠太の最初の妖怪との対面だったのでしょうか。

その後1902年から1905年まで3年間、文部省の命を受けて世界一周（日本→中国→南アジア→エジプト→ヨーロッパ→アメリカ→日本）の旅をしています。

この時アジアからヨーロッパにかけての建物のそこかしこに見られる妖怪たちに再び出合い、彼の中では“この世に当然の存在”になったようです。

そして自身の著作で“この世になくてはならないもの、民族によってバリエーションを持ちうる”とまで言っています。

レトロカメラマン（著者）はイギリスの古い館や教会で軒先等に据えつけられているカイジュウを何度も見たことがあります。魔除けと言ってしまえばそれまでのことですが、何百年もそこに棲み続けているとなると、単なる偶像というよりも、そこに居て当然、建物と一体化した存在としての意味を十分に感じさせるものです。

またアイルランドでは妖精は立派に市民権（?）を得ていて、車で田舎道を走っていると「妖精注意」の標識に出合うことがあります。

この人たちは森の奥深くに自分たちの小さな世界を築いていることが多いのですが、ときどきは人間の世界に現れてそこそこの交流をするようです。

平和的に接する仲間もいれば、ちょっといじわるをするような妖精も見受けられます。動物のように大きい者や蝶のようにかわいい者、それに小人のように地面付近を直立して歩く者も。

そして、日本国内でもお寺の門に立つ仁王像は妖怪の一種と思われ、また、あちらこちらで見られる邪鬼の像や風神・雷神図なども、名前は神様ですが、その風体や形相はまさに妖怪といえましょう。さらに神社の狛犬や狐、それと忘れてはならない河童はもっとも身近な妖怪で、ひと昔まえまでは“そこにいてあたりまえ”とされた親しみのある仲間です。

国立の大学建築に際して忠太は、兼松講堂の設計を依頼されました。そのデザインはロマネスク様式（1000年ほど前にヨーロッパで建てられた教会や修道院の様式でゴシック以前のおおらかさを感じことができる。フランスのクリュニ、アルル、ドイツのシュバイエルなどの聖堂が代表的とされる）がベースになっています。特徴的なアーチを連続して主張し、正面がシンメトリー（左右対称）となっているので、重厚で安定感のある外観を呈しています。

そしてこの建築の外壁や内部に、忠太は渾身の思いで彼の分身である妖怪をちりばめて行きました。いや「そこに生みつけていった」と表現した方が正確かもしれません。ここでは彼は妖怪の父であり母であり、そして将来への伝道者でもありました。それまでのスケッチを総動員し新たに何人もの仲間たちをそこに参加させました。人が訪れにくい隅の部分にも丁寧に配置し、その思いは地下の階段にも及びます。

書類では兼松講堂以外の本館・別館・図書館・東本館は忠太の設計となっていませんが、これらの建物にも彼の分身はそこここに棲息しています。レトロカメラマンの私見ですが、これらの設計施行についても忠太の意見や意志が浸透していたものと思われます。その証拠に、東本館正面2階の窓のデザイン（三つのアーチを伴う連続の小窓とその上の大きな細いアーチ）は、彼が世界一周旅行中にイスラム建築をスケッチした図版とそっくりだからです。ですから一橋大学の建物とデザインは忠太がそれまでに体得した知識と感性、そして妖怪たちのすべての集大成といえるのです。

妖怪たちは暗くなると建物をぬけ出して外界を飛翔します。ひとり木の枝でくつろいだり、たがいにそっと言葉を交わしたり、時にはカエルやヘビや昆虫の体を借りて地面を歩いてみることも。雨や雪、それに風もともだちです。もちろん四季それぞれの趣を見せる深い森も。

森羅万象

ここでは妖精・森・建物が織り成す三位一体の世界がごく自然に醸しだされているのです。

忠太は1943年（昭和18）に文化勲章を受けましたが、その約10年後、1954年（昭和29）に天の人となりました。

雲の上で、そして杜の中で妖精たちと共に戯れていることでしょう。

季節の戯むれ

桜の絨毯

矢野二郎先生像

図書館アーチ

ある日
職員集会所

水蓮

佐野善作先生像
紫陽花

ツタ紅葉
モミジ

消防器具庫

講堂への道

図書館　雪

凍梢

まぼろし

PHOTOGRAPHER'S NOTE

自転車小僧だったレトロカメラマン（著者）は、東京杉並の実家と立川市砂川の祖母の家を数えきれないほど往来しました。五日市街道がふだんのコースなのですが、時々はちょっと回り道をして旧甲州街道や国立の大学通りに足を伸ばしたこともありました。ゆっくり走ったとしてもあっという間に通過してしまう大学、それでも雑木林のむこうに垣間見えるタイル張りの建物群は圧倒的な存在感で記憶の原点に焼き付いたものでした。

年月が過ぎてもこの思いは消えることはなく、数十年後のある日、まるで吸い寄せられるかのごとく大学の門を叩いたのでした。

記録にしてみんなに知らせよう。

写真のもつ歴史的な記録性と伝達性、そしてそこにもうひとつ悠久の時空を加えてシャッターを落とそう、と心に決めたのはもう何年も前のことでした。幸いに大学の理解と協力を得て、しかしスケジュールは厳しいものでしたが、数年間にわたり多くのカットを仕上げることができました。

夕焼け空や靄などの自然の演出はまさにGOD'S HELP。数少ない撮影の機会にこんな素晴らしいプレゼントをありがとう。

それと偶然ですが、それ以前に“そおっと”シャッターを切っていた旧木造校舎のスナップが手元に残っていました。夕陽のあたるセピア色の風景です。

時と時がこんなふうに繋がるなんて……そう、妖精のおかげ?

伊藤龍也（いとう・たつや）
1952年　東京都立川生まれ
1975年　全国のローカル線の撮影を始める
1977年　雑誌『鉄道ファン』（交友社）コンテスト入選
1990年　古い建物の撮影を始める
2000年　雑誌『鉄道ダイヤ情報』（弘済出版社）コンテスト数回入選
2001年　東京都指定文化財『啓明学園・北泉寮』写真集　撮影
2004年　雑誌『多摩のあゆみ』（たましん地域文化財団）に
　「洋風建築への誘（いざな）い」を連載　現在も続く
2006年　雑誌『家庭の友』（サンパウロ出版）表紙担当
2007年　雑誌『多摩らび』（けやき出版）で一橋大学の撮影に携わる
2007年　写真集『古教会への誘い』（現代書館）
2009年　雑誌『憧れの輸入住宅』（リクルート）に「アイルランドの家庭風景」を紹介
2012年　写真集『古教会への誘い Vol.2』
2012年　写真集秋田県『聖体奉仕会（涙のマリア様）』撮影
現在：立川市歴史民俗資料館にて文化財撮影

◉――本書に掲載された写真は、一橋大学の許可のもと、
著者・伊藤龍也が2009年から2015年にかけて撮影したものである。

妖怪の棲む杜　国立市 一橋大学

2016年3月25日　第1版第1刷発行

著者　伊藤龍也
発行者　菊地泰博
印刷　平河工業社（本文・カバー）
製本　越後堂製本
レイアウト　現代書館デザイン室

発行所 株式会社 現代書館
〒102-0072　東京都千代田区飯田橋3-2-5
電話 03(3221)1321　FAX 03(3262)5906
振替00120-3-83725　http://www.gendaishokan.co.jp/

Printed in Japan
ISBN978-4-7684-7652-9
定価はカバーに表示してあります。乱丁・落丁本はおとりかえいたします。